DIE BESTEN ZITATE

Bibliografische Information der Deutschen Bibliothek
Die Deutsche Bibliothek verzeichnet diese Publikation in der Deutschen Nationalbibliografie; detaillierte bibliografische Informationen sind im Internet über http://dnb.ddb.de abrufbar.
ISBN 3-89749-592-9

Umschlaggestaltung: +malsy, Willich
Umschlagabbildung: Berge am Yangtze, China/Franz Aberham, zefa/digitalvision
Gestaltung: Martin Zech, Bremen
Lektorat: Ute Flockenhaus, Fischerhude
Druck und Bindung: Salzland Druck, Staßfurt

www.gabal-verlag.de

VON
NIKOLAUS B.
ENKELMANN

GABAL
management

Zitate sind wie Sternschnuppen, sie bringen unsere eigenen Gedanken und Erkenntnisse zum Aufleuchten. Zitate haben die Fähigkeit, das Urwissen im Menschen durchschimmern zu lassen, und waren zu allen Zeiten Anregungen, das eigene Denken und Fühlen zu vertiefen.

Ein Zitat kann mehr sagen als ein dickes Buch, denn es ist die Verdichtung von Erkenntnissen in einem Satz; konzentrierte Energie, die Körper und Seele beleben kann. Ein wertvolles Zitat im Gedächtnis ist so wertvoll wie ein Stück Gold in der Schatzkammer. Starke, kraftgeladene und aufbauende Gedanken eines Menschen arbeiten fortwährend für seinen Erfolg.

Der Gedanke ist der große Baumeister im Leben eines Menschen. Kraftvolle Gedanken bauen Kraft von innen auf und ziehen Kraft von außen an. Zitate enthalten positive, aufbauende Kräfte, die das Leben verwandeln können. Alles Leben entwickelt sich von innen nach außen. Was wir denken, das werden wir.

Ein Zitat ist wie ein Buch, aus dem der Lektor alles Überflüssige gestrichen hat. Ein Zitat trifft ins Zentrum und strahlt von dort aus.

Jedes dieser Zitate spiegelt meine persönliche Erfahrung aus über 40 Jahren Seminartätigkeit und ist ein Bekenntnis meiner philosophischen Gesinnung. Jedes Zitat stellt einen positiven Wert dar – zur Verstärkung des Geistes und zur Mobilisierung Ihres Körpers, damit Ihr Leben Freude bleibt.

Jeder Gedanke, den wir denken, der von uns ausgeht, kommt zurück – und wird durch Kettenreaktionen verstärkt.

Enkelmann Königstein
Institut für Rhetorik-Management
und Karrieregestaltung
Altkönigstraße 38c
61462 Königstein/Taunus

www.Enkelmann.de

Lieber Leser, lassen Sie sich von diesen Zitaten immer wieder inspirieren. Meine Gedanken werden Ihren Lebensweg begleiten.

Von Herzen
Ihr Nikolaus B. Enkelmann
Königstein
im Januar 2006

Jede Rubrik wird mit einem chinesischen Scherenschnitt illustriert.

Neben Szenen aus der Arbeitswelt und wichtigen Ereignissen im Leben der Menschen werden vor allem Glückwünsche in China traditionell seit vielen Jahrhunderten in bildlicher Form übermittelt. Es entstand eine vielfältige Chiffrensprache.

Das glücksverheißende leuchtende Rot ist die beliebteste Farbe der Papierschneidekunst.

Scherenschnitt mit dem chinesischen Zeichen für gute Wünsche: »Täglich 1000 Goldstücke.«

ERFOLG 11

NUR von der Grundlage
einer gesicherten Weltanschauung
lässt sich ein erfolgreiches Leben
planen und gestalten.

EIN Erfolgssystem sollte
von ethischen und moralischen
Prinzipien ausgehen.

EIN Mensch, der weiß,
was er will, hat genaue Visionen
von der Zukunft.
Wer orientierungslos ist,
tritt auf der Stelle,
läuft im Kreis, geht zurück
und strauchelt.

DIE meisten Menschen planen
ihr eigenes Leben schlechter
als einen vierzehntägigen Urlaub.

BEIM Planen,
beim Vorausdenken unserer Zukunft,
flüchten wir nicht aus unserer
Wirklichkeit in Illusionen,
sondern wir begreifen unser Heute
als das Fundament für das Morgen.

ÜBER die Vergangenheit
können wir heulen;
ändern können wir sie nicht.

ERFOLGE sind
gelöste Probleme.
Erfolg ist die Fähigkeit,
Probleme nur in Verbindung
mit ihren Lösungen
zu sehen.

IM Mittelpunkt des Erfolgs
steht immer der Mensch;
mit seiner Energie,
seinem Willen, mit seiner Leistung,
mit seinen Fähigkeiten,
mit seiner Kreativität,
mit seiner Begeisterungsfähigkeit.

ERFOLG ist nur
ein anderes Wort für Leben.

ERFOLG ist das
Grundprinzip des Universums.

LERNE mit
Erfolgreichen umzugehen.

ALLES, was lebt,
braucht Erfolg.
Jeder Halm, jede Knospe,
jeder Baum, jedes Tier,
jeder Mensch – ob jung oder alt.

EIN erfolgreicher Mensch
hat erfolgreiche Freunde.

ANFANGEN kann jeder.
Nur durch Weitermachen wird
man zum König. Vollender werden,
nicht Anfänger bleiben!

ERFOLG ist alles,
was das Leben unterstützt.

DIE Welt, in der wir leben,
ist nicht vollkommen und
der Mensch ist nicht vollkommen.
Aus diesen beiden Minusfaktoren
entsteht die Problematik des Lebens.

PROBLEME geben uns die Chance, zu zeigen, wie tüchtig wir sind.

DER Mensch ist nicht ein reagierendes oder abreagierendes Wesen, sondern ein gestalterisches Wesen.

GLAUBE führt zur Tat und Konzentration zum Erfolg; Wiederholung führt zur Meisterschaft.

DER Erfolgswille muss täglich neu geweckt werden, um dem grauen Alltag keine Chance zu geben.

EIN klares Ziel und Ausdauer garantieren den Erfolg.

GEDANKEN sind nur dann wirkungsvolle, aufbauende Kräfte, wenn wir sie auf unsere persönlichen Ziele richten.

SCHLECHTE Gewohnheiten bekämpft man nicht, man ersetzt sie durch gute.

DAS Schicksal bewusst zu gestalten – dieses Bestreben zeichnet wirklich erfolgreiche Menschen aus.

WIR müssen uns
mit den Dingen beschäftigen,
die wir verursachen wollen.

ES hat noch nie
mehr Möglichkeiten gegeben
als heute.

DAS Geheimnis des Erfolgs verbirgt sich in der Art, wie man ihn sucht.

ES gibt viele Wege zum gleichen Ziel. Man kann nur einen gehen.

DASS die beruflichen Ziele
in der ersten Lebenshälfte anders
aussehen müssen als in der zweiten,
ist ganz selbstverständlich.

WER sich dem Zufall überlässt,
ist ein hilflos treibendes Stück Holz
auf dem Wasser.

ERFOLGSREZEPT:

Für den Sieg gibt es keinen Ersatz.

ES ist nicht entscheidend,
als was wir geboren werden,
welche Startbedingungen
wir vorfanden, sondern was
wir selbst daraus machen.

DER Mensch ist das einzige Wesen, das sich selbst und seine Welt verändern und seine Zukunft gestalten kann.

WENN der Mensch erfolgreich ist, produziert das Gehirn Endorphine, Glückshormone.

ICH kann mir kein schöneres Leben vorstellen, als die Zeit meines Lebens zu gebrauchen, um an der Erfüllung meiner eigenen Wünsche zu arbeiten.

NICHT die Sterne,
nicht die Götter haben
Ihr Schicksal vorbestimmt.
Sie werden zum Gestalter
Ihres Schicksals in dem
Augenblick, in dem Sie wissen,
was Sie wollen.

WIE man einen Bonsai-Baum
nicht ins Kraut schießen lässt,
so müssen wir unser Leben zu einem
Ideal formen.

ERST wenn man so gut ist
wie sein Meister, hat man
eine Chance, besser zu werden.

DIE Welt wird durch Handeln,
nicht durch Denken verändert.

HEUTE schon wissen,
was morgen und übermorgen
sein wird, das macht frei.

DER wichtigste Lebensteil
ist die Zukunft! Wer nicht
an seine Zukunft denkt, hat keine!

DIE Gehirne sind bei
allen Menschen gleich.
Es entscheiden die Gedanken,
die uns steuern.

DER selbstbewusste Mensch
konzentriert sich auf seine Aufgaben
und Ziele.

ICH möchte die Welt ein
ganz klein wenig besser verlassen,
als ich sie betreten habe.

WAS wir brauchen,
ist ein Mensch, der uns zwingt,
das zu tun, was wir können.

DER Erfolg braucht
eine Vorlaufzeit.

ÄNDERN ist nicht anders werden, sondern besser werden.

ICH will Sie dazu motivieren, aus Ihren Begabungen Lebenserfolge zu machen und selbst gestalterisch aktiv zu werden.

WER in sich selbst einen Mittelpunkt hat, ist der Hektik dieser Zeit gewachsen.

WÜNSCHEN –
planen – wagen – siegen –
sollte daher unser Lebensmotto sein,
um nicht zu den Betrogenen
zu gehören.

DIE Hauptursache für Erfolg ist die Liebe. Liebe setzt Wünsche frei, weckt das kreative Potenzial. Genialität ist nichts anderes als die Fähigkeit, sich in seine Wünsche, seine Ziele zu verlieben. Wer keine Ziele im Leben hat, verläuft sich.

DIE meisten Menschen sitzen das ganze Leben im Bremser-Häuschen. Besser: Gas geben! Nach den Sternen greifen!

WER die Zukunft gewinnt, kommt mit der Vergangenheit ins Reine.

JUSTIEREN Sie Ihren
Kompass neu, damit Sie wie
ein Kapitän Kurs halten können.

WO Energie sich verwandelt
zu Konzentration – entsteht Zukunft.

SIE werden spüren, dass die mächtigste Waffe im Daseinskampf der Glaube an sich und an den Sinn seiner Vision ist.

DIE Besten geben ihr Bestes.

DER Eitle glaubt an sich,
der Selbstbewusste an seine Zukunft.

WER hier auf Erden scheitert,
scheitert nicht, weil er keine
guten Vorsätze hat, sondern weil
es ihm nicht gelingt, seine eigenen
wertvollen Vorsätze durchzuführen.

AUSWENDIG lernen heißt: sein persönliches Unterbewusstsein prägen, damit es unbewusst, also völlig automatisch, das Erlernte nutzen kann.

WIR sind frei in der Entscheidung, aber gebunden an die Folgen.

DER größte Erfolg ist wie ein Gemälde, das aus vielen kleinen Mosaiksteinen besteht.

ERFOLG ist kein Stillstand, kein Geschenk und auch kein Zufall, sondern ein lebenslänglicher Wachstumsprozess.

IM Mittelpunkt des Erfolges
steht immer der Mensch.

DER Glaube an den Erfolg
ist dasselbe wie der Glaube
an die eigenen Möglichkeiten
und Ziele.

ERFOLG ist die Fähigkeit, trotz innerer und äußerer Widerstände unter Einsatz von Zeit und Kraft seine Ziele zu erreichen.

KLARHEIT über das Ziel,
das Bewusstsein der inneren Kraft
und der geduldige Umgang
mit der Zeit sind die wichtigsten
Voraussetzungen für den Erfolg.

ALLES, was lebt,
braucht Erfolg.

ERFOLG im Leben
ist das Ergebnis unseres Denkens.

ERFOLG ist nur ein
anderes Wort für Leben.

ERFOLG ist die Kunst,
Probleme zu lösen und Hindernisse
zu überwinden!

ERFOLGE sind
gelöste Probleme!

ERFOLG ist eine Frage meines Verhaltens und meiner Einstellung.

MIT einem positiven Unterbewusstsein lässt sich der Erfolg nicht mehr verhindern.

DIE Tür zum Erfolg geht nach innen auf!

EIN klares Ziel und Ausdauer garantieren den Erfolg.

LIEBE ist positives Denken in Reinkultur, Liebe ist die Hauptursache für Erfolg.

DENKE immer daran, dass deine eigene Entschlossenheit, erfolgreich zu sein, wichtiger ist als alles andere.

ERFOLG ist das Lebensprinzip schlechthin, die zentrale Aufgabe des Universums.

ERFOLG beginnt mit dem optimistischen Gedanken an den Erfolg.

DER Erfolg stellt sich erst am Ziel ein – halten Sie durch!

WER seine Stärken verstärkt, ist auf dem richtigen Weg zu Glück und Erfolg.

SEINE Ziele nicht zu erreichen ist weniger schlimm, als keine Ziele zu haben.

WENN du wirklich etwas willst, werden alle Wünsche wahr!

MUT spart Zeit und Kräfte
für das Wesentliche.

WÜNSCHE weisen
uns den Weg. Was wir uns wünschen,
das können wir auch erhalten.

WAS der Mensch sich wünschen kann, das kann er auch erreichen.

KLAR und konkret formulierte Wünsche werden zu Zielen!

WÜNSCHEN Sie einfach drauflos, planen Sie wie ein Weltmeister, wagen Sie ALLES – und Sie werden siegen!

WER das Äußerste anstrebt,
wird das Mögliche erreichen!

ICH kann, was ich will!

JEDE Wiederholung ist eine Vertiefung.

HINFALLEN ist keine Schande, aber Liegenbleiben ist verachtenswert!

ANFANGEN kann jeder – doch nur durch Ausdauer wird man zum König!

ALLES Können entsteht allein durch Übung.

JEDES Problem trägt in sich den Keim der Lösung.

PROBLEME sind Wegweiser in die Zukunft.

GRÖSSER als eines Königs Land ist der Acker unserer Zukunft.

MENSCHEN können nur in Gruppen große Ziele erreichen. Der Einzelgänger hat keine Chance mehr.

ERFOLG ist eine Frage unseres Verhaltens.

ZIELE geben mir die Chance, Vorfreude zu haben.

DIE Menschen und Probleme haben sich nicht geändert. Geändert haben sich die Techniken, mit denen Probleme behandelt werden.

WIR werden erfolgreich durch Training.

ANSEHEN kommt durch ansehen.

ERFOLGREICH sind wir nur, wo wir nützen, nicht wo wir ausnützen.

ZWEIFEL an den eigenen Fähigkeiten ist die Vorstufe zum Misserfolg.

WER Schwierigkeiten sucht, findet immer welche.

WER seine Vorsätze schriftlich niederlegt, macht gewissermaßen einen Vertrag mit sich selbst. Das verpflichtet.

WOLLEN ist gut, tun ist besser.

Scherenschnitt mit zwei Fischen und dem chinesischen Zeichen für Glück. Die Fische sind ein Symbol für Reichtum und Überfluss.

PERSÖNLICHKEIT 71

WIR sollten Alchimisten werden, die versuchten, unedle Metalle in Gold zu verwandeln. Wir sollten Unglück und Misserfolge in Glück verwandeln und eine Persönlichkeit werden, die selbst Scherben in Glück verwandeln kann.

KANN der Mensch zu einem gesunden Selbstwertgefühl gelangen, wenn er sich gar nicht kennt?

NICHTS ändert sich, außer wir ändern uns!

WIR brauchen Autorität nach innen und nach außen.

NICHTS hemmt und hindert einen Menschen mehr an der Entfaltung seiner Persönlichkeit als die Angst.

DURCH Gelassenheit lassen Ängste und Sorgen nach und wir erleben und spüren eine bisher noch nie da gewesene Kraft in uns und entwickeln neue Fähigkeiten.

DIE bewusste Entscheidung ist wichtig. Wir müssen anfangen, einmalig zu werden und unserer Individualität gemäß zu leben.

SEINE Hemmungen kann man nicht wegdenken, aber wegtrainieren.

PERSÖNLICH wichtig ist die Erkenntnis: Habe ich ein Problem oder bin ich das Problem?

PROBLEME sind kein Zeichen von Schwäche oder Minderwertigkeit, sondern ein Zeichen, dass wir Menschen sind.

DER Mensch ist das einzige Wesen, das seinen Wert selbst bestimmt; er erhält seinen Wert durch den Nutzen, den er bringt.

DER Mensch ist keine Maschine, aber er trägt in sich eine perfekt arbeitende Maschine, die aber nur dann perfekt arbeitet, wenn sie richtig eingestellt ist bzw. solange sie richtig eingestellt ist.

JE stärker mein Selbstbewusstsein, umso belastbarer bin ich.

ICH bin der persönliche Repräsentant meiner Vergangenheit. Ich bin die Summe der bisher gemachten Erfahrungen, die sich zu Gewohnheiten verdichteten.

WENN meine Nervenbatterie stark genug ist, wachse ich am Stress; ist sie aber zu schwach, zerbreche ich an ihm.

BIN ich vorbereitet, um mit Krisen fertig zu werden?

SCHWIERIGKEITEN

die man anderen macht,
sind Schwierigkeiten, die man
selber hat.

EIN Mensch kann sich nicht gleichzeitig in allem ändern. Aber jeder Mensch ist bereit, einen Punkt in seinem Leben zu verändern. Wenn sich ein Punkt verändert, verändern sich die anderen mit.

WER dauernd Rücksicht nimmt, fordert andere auf, sich oder andere auszunutzen.

SEINE Ziele nicht zu erreichen ist nicht so schlimm, als gar keine Ziele zu haben.

DIE meisten Menschen arbeiten nicht an einer Aufgabe, sondern um sich zu beschäftigen und sich abzulenken.

SEI dir selbst dein bester Freund, sei ganz du selbst.

WER Vorbilder hat, hat auch Ziele. Wer keine Vorbilder hat, kann auch nicht zum Vorbild werden.

EIN Vorbild hat immer Visionen.

DER Charakter muss die Funktion des Instinktes übernehmen und wird so »zur zweiten Natur des Menschen«.

KEINER weiß so viel über uns und unser Leben wie wir selbst, also kann keiner uns so gut beraten wie wir selbst.

NEHMEN Sie sich Zeit, damit der kreative Teil Ihrer Persönlichkeit Ihnen neue Möglichkeiten aufzeigen kann, und nutzen Sie den inneren Giganten, um Ihre Möglichkeiten und Chancen optimal auszuschöpfen.

WER in seinem Urvertrauen gestört ist, kann sich nicht mehr entspannen.

DA der Mensch alles lernen kann, sollte er auf jeden Fall lernen, wie man seinem Leben einen Sinn gibt.

DAS Leben ist zu kurz, um all seine Schwächen zu bekämpfen.

EIN Mensch, der noch glauben kann, verwandelt sich von der Person zur Persönlichkeit.

DER Anfang der seelischen Reife ist nachdenken über sich selbst, über sein Leben, über seine Persönlichkeit.

EIN selbstbewusster Mensch kennt und bekennt sich zu seinen Wünschen.

JE leiser ein Mensch seinen Namen spricht, desto größer ist sein Minderwertigkeitskomplex.

ES gibt nichts Persönlicheres als die Wünsche eines Menschen. Wünsche weisen uns den Weg.

KEIN Mensch kann auf Dauer verhindern, dass sein Gesicht sein wahres Wesen widerspiegelt.

EINES wird deutlich: Je mehr der Computer seinen Einzug hält, desto wichtiger wird die Persönlichkeit des Menschen.

AUFRICHTIGE
Dankbarkeit ist menschliche Größe.

KANN der Mensch zu einem gesunden Selbstwertgefühl gelangen, wenn er sich gar nicht kennt?

DER schönste Diamant wird erst schön durch den richtigen Schliff. Entweder wir schleifen uns aufgrund eigener Erkenntnisse oder die Misserfolge des Lebens schleifen uns.

WAS einer denkt und glaubt, das strahlt er aus. Und was er dann ausstrahlt, das zieht er an. Charisma ist der schnellste und direkte Weg zum Mitmenschen und lässt sich nur über Bereitschaft zur inneren Arbeit an uns selbst entwickeln und einsetzen.

EIN Sieger weiß um seine Ausstrahlung – und er nutzt sie für weitere Erfolge!

NICHTS ändert sich – außer ich ändere mich!

SICH ändern heißt:
nicht anders, sondern besser werden.
Veränderung ist immer möglich!

WER einen Stein ins Wasser
wirft, verändert das Meer!

ICH kann, ich will und ich werde Probleme lösen! Ich bin ein Teil der Lösung, nicht ein Teil des Problems.

DER Dreh- und Angelpunkt im Leben eines erfolgreichen Menschen ist sein Selbstbewusstsein!

WER seine Stärken verstärkt, wird immer selbstbewusster.

EIN »Sieger« hat ein sicheres Auftreten!

WERTVOLLE Ziele
führen zur Entfaltung der
Persönlichkeit.

EIN selbstbewusster Mensch
formt aus seinen Wünschen Ziele!

WER Mut hat, macht Mut.

JEDER Mensch braucht Wünsche und Ziele, immer wieder aufs Neue, das ganze Leben hindurch.

JEDES Talent entfaltet sich nur durch Betätigung!

IM Streit zwischen Gefühl und Intellekt siegt immer das Gefühl.

WER in sich selbst ruht, in sich einen Mittelpunkt hat, der ist der Hektik dieser Zeit gewachsen.

EIN Mensch, der seine Einmaligkeit erkennt und seine Identität bejaht, ist in sich stabil und belastbar!

WER nicht an seine Zukunft denkt, hat keine!

WER seinen Mittelpunkt findet, der wird auch für andere zum Mittelpunkt.

LIEBE bedeutet Energie.
Wer liebt, hat so viel Energie, dass er überall neue, faszinierende Möglichkeiten entdeckt!

HUMOR ist die Kraft, die uns hilft, Schicksalsschläge zu überwinden.

HÖREN Sie auf die innere Stimme Ihres Herzens.

SO wie in jedem Samenkorn
eine vollkommene Blüte liegt,
so liegt in jedem Menschen
eine vollkommene Persönlichkeit.

ERST in der Ruhe kommt der Mensch zu sich, wird seiner selbst bewusst, wird selbstbewusst, wird zum Meister seines Schicksals.

DER Mensch sinkt unter sein Niveau, wenn er aufhört zu üben.

WIR müssen uns öffnen, damit uns etwas einfallen kann.

EIN König muss aussehen wie ein König. Ein Bettler muss aussehen wie ein Bettler.

WIR werden nicht erfolgreich durch Fleiß, sondern durch die Strahlkraft unserer Persönlichkeit.

SPIEGEL sind da,
um unserer Persönlichkeit immer
wieder zu begegnen.

WIR müssen lernen,
immer glaubwürdiger zu sein.

MEIN Verhalten wird nicht von meiner Intelligenz, sondern von der Gewohnheit gesteuert.

WER sich leicht ablenken lässt, erscheint nicht nur unstet, er ist es auch.

LEBEN heißt: Altes stirbt – Neues wird lebendig. Daraus ergibt sich für uns, wir müssen offen sein für morgen, für die Weiterentwicklung, für das Neue.

Scherenschnitt mit zwei Drachen, die mit einem Ball spielen. Drachen sind ein Symbol für Glück und männliche Potenz. In der Mitte steht das chinesische Zeichen für Glück.

GLÜCK 115

EIN richtiges Leben muss
Vergnügen machen.
Wir können unselige Zustände
im Glück verwandeln.

ALLES beginnt im Denken,
auch das Glück.

WIR sind nicht auf Erden,
um glücklich zu werden,
sondern um unsere Pflicht zu tun,
und bekommen dafür das Glück
dazu.

UNGLÜCKLICHE
Menschen sind undankbare
Menschen; das Glück wohnt
niemals bei den Undankbaren.

DER Kern des Unglücks ist die Undankbarkeit.

DER Mensch braucht lebenslängliche Ziele, um Körper und Seele in spannungsvoller Harmonie zu halten.

ICH bin eine Einmaligkeit. Das ist Grund genug, ein Glücksgefühl zu erleben.

DER Mensch ist schon ein besonderes Wesen; wenn es ihm so einigermaßen gut geht, überlegt er nur selten, was er noch verbessern könnte.

STÄRKEN erkennen, um Stärken zu verstärken; das ist der Weg zum Erfolg und zum Glück.

EIN glücklicher Mensch glaubt an sich, an seine Möglichkeiten und Chancen.

WIR sollten süchtig werden nach Freude, danach glücklich zu machen und Glück selbst zu erleben.

SO wie Kinder können sich auch Erwachsene am inneren Reichtum ihrer Wünsche freuen.

WIR sind glücklich, wenn uns unser Leben gelingt. Glück kommt von »gelingen«.

DAS Gehirn ist das Organ, das unselige Zustände in Glück verwandeln kann.

ERFOLG allein macht nicht glücklich, aber ohne Erfolg gibt es kein Glück.

WÜNSCHE sind der innere Reichtum des Menschen!

WIE groß ist die Ansteckungsgefahr mit »Glücksbazillen«, wenn jemand in Ihrer Nähe ist?

Scherenschnitt mit zwei Vögeln
auf einem Zweig mit Blüten.
In der Mitte steht das chinesische
Zeichen für Glück.

BEGEISTERUNG [125]

EIN begeisterter Mensch ist voll und ganz von dem überzeugt, was ihn fasziniert; er zieht keine Vergleiche.

BEGEISTERUNG nimmt einem Befehl die Härte.

BEGEISTERUNG
macht Sie anziehend.

BEGEISTERUNG
erweckt Begeisterung und Zuversicht.

BEGEISTERUNG
verwandelt das Negative.

BEGEISTERUNG

verleiht Ihnen Glanz.

BEGEISTERUNG

zeigt, dass Sie Farbe bekennen.

BEGEISTERUNG
gibt Glauben und Überzeugung
zu erkennen.

BEGEISTERUNG
heißt Menschen beeinflussen,
ohne zu dominieren.

BEGEISTERUNG
ist ein Zeichen, dass Sie kein Schattendasein führen.

BEGEISTERUNG
ist ein Mittel, andere so weit zu bringen, dass sie Ihnen helfen wollen.

HÖREN Sie mit
Begeisterung zu.

EIN begeisterter Mensch
zieht keine Vergleiche.

BEGEISTERUNG
ist der Laserstrahl, der positive
Argumente zum Leuchten bringt.

BEGEISTERUNG

lässt keine Langeweile aufkommen.

DURCH Begeisterung
können Sie die Gedanken
und Gefühle anderer in die Richtung
lenken, die Ihnen angenehm ist.

BEGEISTERUNG

regt die Menschen zum Handeln an.

BEGEISTERUNG

hilft Ihnen, Ihre Ziele zu erreichen.

BEGEISTERUNG

zieht die Menschen an.

WER in seinem Inneren
das Feuer der Begeisterung entfacht,
denkt, fühlt und handelt begeistert.
Er hat die Einstellung des Siegers
und kann jeden Sieg erringen; auch
den Sieg über sich selbst.

WENN wir Begeisterung zeigen, dann sind wir ehrlich.

LIEBE ist Begeisterung. Wer einen Menschen liebt, ist von ihm begeistert.

BEGEISTERUNG ist der Schlüssel, der Ihnen Tür und Tor öffnet.

JEDE Flamme, die brennt, kann auch andere entzünden.

WER Menschen begeistern kann, kann auf Zwang verzichten.

Scherenschnitt mit zwei Fischen und dem chinesische Zeichen für Glück. Fische sind ein chinesisches Symbol für Reichtum und Überfluss.

POSITIVES DENKEN

139

WENN sich Gott den Menschen zum Bild geschaffen hat, wenn Gott selbst den Menschen als Mitarbeiter in dieser Welt respektiert, sollten auch wir die Arbeit und den Beruf des Menschen als einen großen Wert respektieren.

DER positive Mensch
spricht nicht von seinen Problemen,
von seinen Schwierigkeiten,
von seinen Befürchtungen, sondern
nur von seinen Zielen, von seinen
Hoffnungen, von seinen Träumen,
von seinen Wünschen und von
seinem positiven Weg.

WER zu den Sternen schaut, bemerkt keine Grenzen.

ALLES, was in Ihrer Vorstellung existiert, können Sie auch erreichen.

WANDEL bedeutet Zukunft, Zukunft bedeutet Hoffnung.

WIR leben in einer Welt wachsender Gefahren, aber wir leben auch in einer Zeit wachsender Chancen.

LIEBE ist positives Denken in Reinkultur!

ÜBER Negatives zu sprechen ist ein Zeichen von Denkträgheit, nicht von Intelligenz.

ALLES im Universum
ist auf Entfaltung und
Höherentwicklung angelegt
und selbst das Gute kann
noch weiterentwickelt werden.

FRÖHLICH und
optimistisch sollten Sie voller
Zuversicht jeden Tag beginnen.
So sind und bleiben Sie
ein Meister der Lebenskunst.

WER sich selbst positiv beeinflussen kann und weiß, was er will, hat einen wirksamen Schutz.

SELBST ein Zwerg sieht weiter als ein Riese, wenn er auf den Schultern eines Riesen steht.

OPTIMISTEN werden seltener von ansteckenden Krankheiten befallen als Pessimisten.

WER zur Sonne schaut, lässt den Schatten hinter sich.

WIR werden nicht als Optimisten oder Pessimisten geboren, sondern durch die Erfahrungen des Lebens entwickelt man sich optimistisch oder pessimistisch.

DAS positive Leben beginnt in dem Augenblick, in dem ich mich weigere, über Negatives zu sprechen. Lieber über Wünsche, Träume, Ziele sprechen!

JE eher wir akzeptieren, dass das Leben ein Kampf ist, umso eher steigern wir unsere Belastbarkeit.

NEGATIVE Gedanken bringen Misserfolg, Ärger, Streit, Unbeliebtheit, Depression usw. Positive Gedanken bringen Erfolg, Freunde, Bewunderung, Anerkennung, Beliebtheit, Glück usw.

ICH kann immer nur einen Gedanken auf einmal denken. Ich entscheide, ob dieser Gedanke positiv oder negativ ist.

POSITIVE Gedanken lassen keinen Platz für Grübeleien.

WER liebt, verfügt über Optimismus und Mut im Überfluss.

DER Optimist ist der eigentliche Realist, denn er sieht immer die Chancen.

EINE optimistische Einstellung ist lernbar.

OPTIMISTEN sind
Meister der Lebenskunst.

OPTIMISTEN sind
beharrlich und kreativ.

OPTIMISTISCHE Lebensgestaltung beginnt damit, dass man seine Wünsche kennt und sich zu ihnen bekennt.

EIN Optimist weiß, dass er alles lernen kann!

WER jeden Tag bewusst fröhlich, optimistisch und voller Zuversicht beginnt, der ist ein Meister der Lebenskunst.

DER Optimist denkt nicht lange über seine Misserfolge nach, sondern geht sofort an die Lösung seiner Probleme!

DER Optimist wächst mit seinen Aufgaben.

MIT einer optimistischen Lebenseinstellung und Konzentration wird aus einer Person eine Persönlichkeit!

EIN Optimist weiß, dass er für sein Schicksal selbst verantwortlich ist – und er nutzt diese Chance!

ALLES wird gut, alles wird besser! Wo sich eine Tür schließt, öffnet sich eine neue!

EIN Lächeln schadet nie, aber es kann Ihnen so manche Tür öffnen.

WER mutig ist, denkt voller Optimismus an seine Zukunft.

SOLANGE ich einen Menschen liebe, sehe ich ihn, wie er sein sollte. Solange ich einen Beruf liebe, sehe ich ihn, wie er sein sollte.

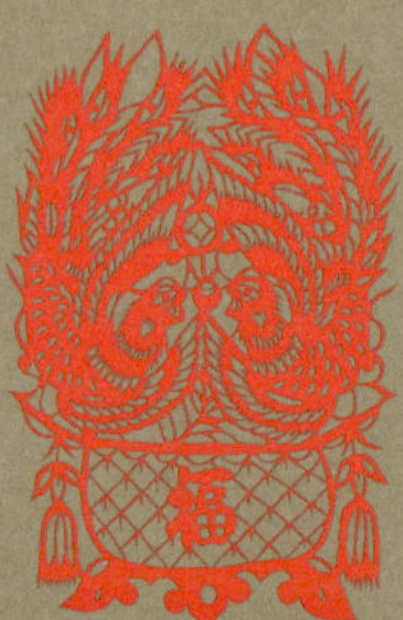

Scherenschnitt mit zwei Phönixen,
die Glück und Barmherzigkeit symbolisieren.
Unten ist das chinesische Zeichen für Glück
abgebildet.

MOTIVATION

WARUM nutzen wir unsere Kräfte nicht, lassen sie verkommen? Warum wollen wir uns nicht selbst befreien?

DANKBAR sein, dass es Misserfolg und Unglück gibt; sie sind Warnsignale, uns zu verändern.

DER Mensch ist nicht abhängig von Erbanlagen. Das sind Ausreden, um mit Anstand faul zu sein.

JEDER Mensch – egal wie intelligent er ist – wächst über sich selbst hinaus, wenn er gelobt wird.

EIN Vorbild ist ein Motivator, weil er andere zur Nachahmung anspornt.

EIN Vorbild kann begeistern, überzeugen und andere in seinen Bann ziehen.

WEIL das Unterbewusstsein die Tendenz hat, jeden Gedanken zu realisieren, sollten wir diese Tendenz nutzen.

JEDER braucht Lob, Anerkennung, Streicheleinheiten. Die Menschen haben panische Angst vor Liebesentzug.

WER Menschen begeistern kann, kann auf Zwang verzichten.

WER seine Wünsche liebt, kennt keine Zweifel.

DAS Gehirn ist nicht nur ein Gefäß, das gefüllt werden muss, es muss auch entzündet werden!

LOB ist das wirksamste Mittel, das Ihnen zur Verfügung steht.

DER Hunger nach Anerkennung und Zustimmung kann nur durch Lob gestillt werden.

CHARISMA und Motivation hängen eng zusammen.

MOTIVATION ist die Fähigkeit, die Leistungsreserven zu aktivieren.

Scherenschnitt mit einem Fisch,
dem chinesischen Symbol für Reichtum
und Überfluss.

MENTALE KRÄFTE

171

GEDANKEN sind Kräfte. Unsere Ziele, unsere Pläne sind konzentrierte Gedanken.

DAS Schicksal wird durch zwei Kräfte gestaltet, durch unsere Wünsche oder durch unsere Befürchtungen.

ANGST ist das Leck in unserer Nervenbatterie. Angst zerfrisst unsere Kraft, unsere Energie, unseren Willen, unsere Ziele, unsere Hoffnungen und unsere Wünsche. Angst zerstört unsere Gegenwart und unsere Zukunft. Angst ist der Teufel in uns.

ANGST macht dumm, Angst verengt die Gehirnzellen. Angst blockiert und man bleibt immer ein Kind.

DER Mensch ist das lernfähigste Wesen, denn er kann lernen, sein Unterbewusstsein zu beeinflussen.

IM Gedächtnis ist mein Leben gespeichert.

EINE Suggestion ist ein Psycho-Serum und kann die gleiche Wirkung wie ein Medikament haben.

WIR haben hypnotische Kraft!

ERST in der Ruhe kommt der Mensch zu sich, wird sich seiner selbst bewusst und zum Meister seines Schicksals.

WIR sind nicht nur Unterbewusstseins-Besitzer, wir müssen auch Unterbewusstseins-Gebraucher werden!

IM Alpha-Zustand ist es am leichtesten, sich von falschen Verhaltensmustern zu lösen bzw. neue positive in sich aufzunehmen. Das Unterbewusstsein besprechen!

DAS Schlimmste für den Menschen ist, den Glauben an die Zukunft zu verlieren.

BEI vielen Menschen ist die Innenweltverschmutzung größer als die Außenweltverschmutzung.

DIE Meisterung des Lebens beginnt in dem Augenblick, wo wir selbst und nicht der Zufall unser Unterbewusstsein programmieren.

MIT Konzentration, Kraft und Energie werden aus Wünschen Wirklichkeiten.

KONZENTRATION ist gesammelte Energie.

GROSSE Gedanken ziehen immer auch Großes an.

JE ruhiger Ihr Körper wird, umso ruhiger wird Ihr Geist.

GLAUBE an die Zukunft ergibt Glaube an sich.

SIE haben Vertrauen zu sich selbst, in Ihre Kräfte und in Ihre Zukunft.

ICH sage nicht, das Unterbewusstsein ist die Seele, ich sage: Die Seele benutzt das Unterbewusstsein wie ein Pianist sein Klavier.

SIE sollten Ihr eigenes Unterbewusstsein befragen und Vertrauen entwickeln zu Ihrer eigenen inneren Stimme.

BEWUSSTSEIN ist Schöpfung. Wer seinen persönlichen Weg nicht erkennt, kann ihn nicht gehen. Wer seine persönlichen Chancen nicht erkennt, kann sie nicht nutzen; wer seine Begabungen nicht erspürt, kann sie nicht entfalten. Bewusstsein erst bewirkt Schöpfung.

DER Mensch ist ein lebendiges Kraftfeld.

NICHT die scheinbare Realität entscheidet im Leben, es ist der Glaube, der unserer Tat vorauseilt.

WER an seine Zukunft glaubt, gewinnt die Gegenwart.

DIE täglichen Übungen des mentalen Trainings sollten für jeden eine Selbstverständlichkeit sein.

DA wir auch in Zukunft glückliche Menschen in einer harmonischen Umwelt sein wollen, träumen, meditieren und planen wir das Ideale, um danach die Wirklichkeit zu gestalten.

DIE mächtigste Waffe im Daseinskampf ist der Glaube an sich und an den Sinn seiner Ziele.

ABER selbst in der ausweglosesten Situation des Lebens hat der Mensch noch immer die Fähigkeit, sich die Ideale, das Vollkommene zu wünschen. Hier berühren wir die Grenze zum Wunder.

ANGST und Aberglauben wirken wie Gift.

IHRE Wünsche und Träume sehnen sich nach der Erfüllung.

SCHÖNE Gedanken ziehen schöne Dinge an!

GEHEN Sie einmal am Tage in Ihrem Gedächtnis spazieren.

HABEN Sie einmal den Mut gehabt, darüber nachzudenken, wie wertvoll Ihr Leben ist?

DURCH die Macht der Gedanken kann der Mensch seinen ganzen Körper, alle Organe und Zellen beeinflussen.

EINE schwingende Seele
bringt den ganzen Menschen zum
Schwingen.

IM Zustand der Entspannung
ist es am leichtesten, Blockaden
der Vergangenheit zu neutralisieren
und neue, positive Antriebe für
die Zukunft zu programmieren und
zu verstärken.

DIE Meisterung des Lebens beginnt in dem Augenblick, wo wir selbst und nicht der Zufall unser Unterbewusstsein programmieren.

VOLLKOMMENE Meditation ist, von seiner Zukunft zu träumen.

DAS Tor zum Unterbewusstsein ist in allen Meditationssystemen der Welt der Atem.

IM Zustand der Tiefenentspannung ist das Unterbewusstsein wie Wachs.

POSITIVE Autosuggestion ist Psycho-Serum. Damit lässt sich alles verändern und verbessern, was sich überhaupt verändern und verbessern lässt: berufliche, private, gesundheitliche und kulturelle Ziele.

NICHT die Realität bestimmt, sondern unser Glaube, unsere Einstellung.

EIN Gedanke wird nur durch Wiederholung stark.

DER Alpha-Zustand ist der Schlüssel zum Erfolg.

KONZENTRATION ist Verdichtung von Gedankenenergie.

GEDANKEN
sind Kräfte!

IHR Unterbewusstsein ist
Ihr bester Mitarbeiter.

STATT Illusionen: Glaube an die eigenen Fähigkeiten.

WIR haben ein Unterbewusstsein, wir sollten es auch nutzen!

DURCH Schreiben wird der Geist Materie.

UNSER Geist ist unglaublich weise, wir müssen ihn nur fragen!

GELASSENHEIT entsteht allein durch Übung.

Der Scherenschnitt mit Blumen, Hähnen, Katzen und einem Bauern erzählt vom Alltagsleben auf dem Land.

UMGANG MIT ANDEREN

197

IM Grunde hat der Mensch nur zwei Probleme, nämlich mit sich und anderen richtig umzugehen.

DANK ist die beste Investition in Ihre Mitmenschen.

WER andere lobt, wird selbst leichter erfolgreich.

DANK ist besser als ein Geschenk.

JEDER Mensch braucht Anerkennung, Liebe, Zustimmung und regelmäßig neuen Auftrieb.

WER dankbar ist, bleibt unvergessen.

DANK ist ein liebenswertes Kompliment.

LOB ist eine positiv wirksame Kraft, die sich von allein vermehrfacht.

DIE vollkommene Anerkennung ist Dankbarkeit.

DURCH Dank machen Sie Ihre Mitmenschen zu Wiederholungstätern.

CHARISMA ist die Kunst, andere zu verzaubern. Charisma und Motivation hängen eng zusammen.

ENTSPANNTE Menschen können wir formen, einen angespannten Menschen aber brechen.

JE mehr Sie für sich tun,
umso mehr können Sie später
etwas für andere tun
und für andere etwas sein.

WER Mut macht, hat Mut.
Wer glaubt, weckt Glauben.

CHARISMA ist
die Kunst, andere zu verzaubern.

VERTRAUEN ist ein Zustand der Angstfreiheit.

VERTRAUEN setzt den Glauben an das Gute voraus.

VERTRAUEN gewinnt nur der, der es dem anderen gewährt.

WER das Gefühl eines Menschen ablehnt, lehnt den ganzen Menschen ab. Wer die Gefühle des anderen akzeptiert, verleiht ihm Würde.

WIR müssen das Herz der Menschen erreichen.

WER Menschen groß macht,
macht sich selber groß.
Wer Menschen klein macht,
macht sich selber klein.

VON allen Lebewesen
ist der Mensch das beeinflussbarste
Wesen – zum Vorteil und zum
Nachteil.

WIR sind Empfänger und
Sender zugleich.

SOBALD wir einen Raum betreten, beeinflussen wir die Menschen.

AUGEN sind der kürzeste Weg zu den Menschen.

DURCH den Einsatz meiner Augen wächst die Überzeugungskraft um 25 %.

MAN lernt nur von einem Menschen, den man liebt.

ICH teile meinen Erfolg mit anderen.

Scherenschnitt mit drei Fischen
und dem chinesischen Zeichen
für Glück.

RHETORIK 211

DIE seelische Ernährung vollzieht sich über die Macht der Sprache, über das gesprochene Wort.

DURCH ständige Wiederholung werden Widerstände abgebaut, wird vorher Unvorstellbares vorstellbar. Unmögliches wird möglich und Unglaubliches wird selbstverständlich.

KRANKHEITEN,

die man durch Chemie heilen kann,
kann man auch durch Worte heilen.

SCHWEIGEN

und Zuhören verstärken meine
Konzentrationskraft.

DER Erfolg meines Lebens wird bestimmt von der Fähigkeit, positiv zu sprechen.

DURCH die Macht der Sprache komme ich an die tiefen Schichten meines Unterbewusstseins.

JEDER Mensch ist beeinflussbar, da das ganze Leben ein Prozess gegenseitiger Beeinflussung ist.

WENN sich Negatives überträgt, überträgt sich auch Optimismus, Humor und gute Laune.

DAS gesprochene Wort ist suggestiver als das geschriebene – besonders in der Wiederholung.

UNSERE Stimme ist die Leitschiene, auf der unsere Gedanken das Bewusstsein und Unterbewusstsein unserer Mitmenschen erreichen.

HYPNOSE ist die Verlängerung der Rhetorik; die Macht des gesprochenen Wortes. Das erfolgreiche Leben beginnt mit der Fähigkeit, erfolgreich zu sprechen.

WORTE wecken die schlafenden Kräfte der Seele.

DIE Worte des Menschen gestalten sein Schicksal.

WIR erleben und ernten, was wir durch unsere Worte gesät haben, denn Worte sind Keimlinge.

WORTE wirken nach der Intensität unserer Gefühle.

DAS Wort verändert den Menschen, der es hört.

DAS Wort kann Völker, aber auch Unternehmen zusammenführen.

DENKEN können wir nur so weit, wie unsere Sprache reicht.

WORTE kleiden unsere Gedanken.

KRÄNKENDE Worte sind giftiger als Bakterien.

DIE Sprache ist viel mehr als ein Verständigungsmittel. Sie ist die eigentliche Schöpferin unseres menschlichen Bewusstseins und damit unseres Schicksals.

DAS Wort gibt weiter, was im Geist entstanden ist.

DER Erfolgreiche wird Worte wählen, die seine Erfolge offenbaren.

DAS Wort ist der Träger unserer Ideen.

JEDER kann durch seine Worte Wunder bewirken.

WORTE sind Schall und Rauch, wenn dahinter keine Persönlichkeit steht.

WIR brauchen die Körpersprache des Gewinners: Kleidung, Gang, Mimik, Gestik, Füße (Standpunkt), Hände (unterstreichen).

DIE Sprache des Körpers ist die universelle Sprache der Menschheit.

DAS Wort verändert Menschen, die es hören oder sprechen.

EIN selbstbewusster Mensch spricht über seine Ziele, ein eitler Mensch über sich.

EIN Beweis ist eine intellektuelle Vergewaltigung.